Family Pictures ◆ *Cuadros de familia*

Paintings by ◆ *Cuadros de:* Carmen Lomas Garza
Stories by ◆ *Relatos de:* Carmen Lomas Garza
As told to ◆ *Escritos por:* Harriet Rohmer
Version in Spanish ◆ *Versión en español:* Rosalma Zubizarreta

Children's Book Press ◆ **San Francisco, California**

Dedication:
For my parents, Maria Lomas Garza and Mucio Barrera Garza; my
grandparents, Antonio Lomas and Elisa Medina Lomas; and my brothers
and sisters, Mucio Junior ("Nune"), Arturo ("Tudi"), Margarita
("Margie") and Mary Jane; with love from Carmen ("Lala")

Dedicación:
Para mis padres, María Lomas Garza y Mucio Barrera Garza; mis abuelos,
Antonio Lomas y Elisa Medina Lomas, y mis hermanos, Mucio Junior
("Nune"), Arturo ("Tudi"), Margarita ("Margie") y Mary Jane, con
cariño de Carmen ("Lala")

The pictures in this book are all painted from my memories of growing up in Kingsville, Texas, near the border with Mexico. From the time I was a young girl I always dreamed of becoming an artist. I practiced drawing every day; I studied art in school; and I finally did become an artist. My family has inspired and encouraged me for all these years. This is my book of family pictures.

Los cuadros de este libro los pinté de los recuerdos de mi niñez en Kingsville, Texas, cerca de la frontera con México. Desde que era pequeña, siempre soñé con ser artista. Dibujaba cada día; estudié arte en la escuela; y por fin, me hice artista. Mi familia me ha inspirado y alentado todos estos años. Este es mi libro de cuadros de familia.

Carmen Lomas Garza

The Fair in Reynosa

My friends and I once went to a very big fair across the border in Reynosa, Mexico. The fair lasted a whole week. Artisans and entertainers came from all over Mexico. There were lots of booths with food and crafts. This is one little section where everybody is ordering and eating tacos.

I painted a father buying tacos and the rest of the family sitting down at the table. The little girl is the father's favorite and that's why she gets to tag along with him. I can always recognize little girls who are their fathers' favorites.

La Feria en Reynosa

Una vez, mis amigos y yo fuimos a una feria muy grande en Reynosa, México, al otro lado de la frontera. La feria duró una semana entera. Vinieron artesanos y artistas de todo México. Había muchos puestos que vendían comida y artesanías. Ésta es una pequeña parte de la feria donde todos están comprando tacos y comiéndoselos.

Pinté a un padre comprando tacos y al resto de la familia sentada a la mesa. La niñita pequeña es la preferida de su papá, y por eso es que él la permite acompañarlo. Aún hoy, siempre puedo reconocer cuando una niñita es la preferida de su papá.

SODAS
CocaCola
Fresa $5.00 pesos
Limon

CARNE
ASADA
Con Tomate
y
Salsa $12.00 pesos

CARMEN LOMAS GARZA
©1987
La feria en Reynosa

Oranges

We were always going to my grandparents' house, so whatever they were involved in we would get involved in. In this picture my grandmother is hanging up the laundry. We told her that the oranges needed picking so she said, "Well, go ahead and pick some." Before she knew it, she had too many oranges to hold in her hands, so she made a basket out of her apron. That's my brother up in the tree, picking oranges. The rest of us are picking up the ones that he dropped on the ground.

Naranjas

Siempre íbamos a la casa de mis abuelos, así que cualquier cosa que estuvieran haciendo ellos, nosotros la hacíamos también. En este cuadro, mi abuela está colgando la ropa a secar. Nosotros le dijimos que las naranjas estaban listas para cosechar, y ella nos respondió: —Vayan pues, recójanlas. En un dos por tres, tenía demasiadas naranjas para sostenerlas en las manos, así que convirtió su delantal en canasta. Ése es mi hermano, en el árbol, recogiendo naranjas. El resto de nosotros estamos recogiendo las que él deja caer al suelo.

CARMEN LOMAS GARZA
©1988

For Dinner

This is my grandparents' backyard. My grandmother is killing a chicken for dinner. My grandfather is in the chicken coop trying to catch another chicken. Later, my family will sit down to eat Sunday dinner–chicken soup.

That's me in the blue dress with my younger brother, Arturo. He was so surprised by the scene that he started to spill his snowcone. We had never seen anything like that before. I knew my grandparents had always raised chickens, but I never knew how the chickens got to be soup.

Para la cena

Éste es el patio de mis abuelos. Mi abuela está matando a una gallina para la cena. Mi abuelo está en el gallinero tratando de atrapar a otra gallina. Más tarde, mi familia se sentará a comer la cena del domingo: sopa de pollo.

Ésa soy yo, vestida de azul, con mi hermano menor, Arturo. Él estaba tan sorprendido por lo que veía que se le empezó a derramar su raspa. Nunca antes habíamos visto algo parecido. Yo sabía que mis abuelos criaban gallinas, pero no había sabido antes cómo era que las gallinas se convertían en sopa.

CARMEN LOMAS GARZA
©1986

Birthday Party

That's me hitting the piñata at my sixth birthday party. It was also my brother's fourth birthday. My mother made a big birthday party for us and invited all kinds of friends, cousins and neighborhood kids.

You can't see the piñata when you're trying to hit it, because your eyes are covered with a handkerchief. My father is pulling the rope that makes the piñata go up and down. He will make sure that everybody has a chance to hit it at least once. Somebody will end up breaking it, and that's when all the candies will fall out and all the kids will run and try to grab them.

Cumpleaños

Ésa soy yo, pegándole a la piñata en la fiesta que me dieron cuando cumplí seis años. Era también el cumpleaños de mi hermano, que cumplía cuatro años. Mi madre nos dio una gran fiesta e invitó a muchos primos, vecinos y amigos.

No puedes ver la piñata cuando le estás dando con el palo, porque tienes los ojos cubiertos por un pañuelo. Mi padre está tirando de la cuerda que sube y baja la piñata. Él se encargará de que todos tengan por lo menos una oportunidad de pegarle a la piñata. Luego alguien acabará rompiéndola, y entonces todos los caramelos que tiene dentro caerán y todos los niños correran a cogerlos.

Cakewalk

Cakewalk was a game to raise money to send Mexican Americans to the university. You paid 25 cents to stand on a number. When the music started, you walked around and around. When the music stopped, whatever number you happened to step on was your number. Then one of the ladies in the center would pick out a number from the can. If you were standing on the winning number, you would win a cake. That's my mother in the center of the circle in the pink and black dress. My father is serving punch. I'm the little girl in front of the store scribbling on the sidewalk with a twig.

Cakewalk

Cakewalk era un juego que se hacía para recaudar fondos para darles becas universitarias a jóvenes méxico-americanos. Se pagaba 25 centavos para poder pararse sobre un número. Cuando la música empezaba a tocar, todos empezaban a caminar en círculo. Cuando se terminaba la música, el número sobre el cual estabas parado era tu número. Entonces una de las señoras que estaba en el centro del círculo escogía un número de la lata. Si estabas parado sobre el número de la suerte, ganabas un pastel. Ésa es mi madre en el centro del círculo, vestida de rosado y negro. Mi papá esta sirviendo ponche. Yo soy la niñita dibujando garabatos en la acera al frente de la tienda con una ramita.

Picking Nopal Cactus

In the early spring my grandfather would come and get us and we'd all go out into the woods to pick nopal cactus. My grandfather and my mother are slicing off the fresh, tender leaves of the nopal and putting them in boxes. My grandmother and my brother Arturo are pulling leaves from the mesquite tree to line the boxes. After we got home my grandfather would shave off all the needles from each leaf of cactus. Then my grandmother would parboil the leaves in hot water. The next morning she would cut them up and stir fry them with chili powder and eggs for breakfast.

Piscando nopalitos

Al comienzo de la primavera, mi abuelo nos venía a buscar y todos íbamos al bosque a piscar nopalitos. Mi abuelo y mi madre están cortando las pencas tiernas del nopal y metiéndolas en cajas. Mi abuela y mi hermano Arturo están recogiendo hojas de mesquite para forrar las cajas. Después que regresábamos a casa, mi abuelo le quitaba las espinas a cada penca del cactus. Luego mi abuela cocía las pencas en agua hirviente. A la mañana siguiente, las cortaba y las freía con chile y huevos para nuestro desayuno.

Hammerhead Shark

This picture is about the times my family went to Padre Island in the Gulf of Mexico to go swimming. Once when we got there, a fisherman had just caught a big hammerhead shark at the end of the pier. How he got the shark to the beach, I never found out. It was scary to see because it was big enough to swallow a little kid whole.

Tiburón martillo

Este cuadro trata de las veces que mi familia iba a nadar a la Isla del Padre en el Golfo de México. Una vez cuando llegamos, un pescador acababa de atrapar a un tiburón martillo al cabo del muelle. Cómo logró llevar al tiburón a la playa, nunca me enteré. Daba mucho miedo ver al tiburón, porque era tan grande que hubiera podido tragarse a un niño pequeño de un solo bocado.

Rabbit

My grandfather used to have a garden and also raise chickens and rabbits. In this painting, he is coming into the kitchen with a freshly prepared rabbit for dinner. My grandmother is making tortillas. That's my little brother, Arturo, sitting on the bench. He liked to watch my grandmother cook. And that's my younger sister, Margie, playing jacks on the floor. I'm watching from my grandparents' bedroom which is next to the kitchen.

Conejo

Mi abuelo tenía un jardín, y también criaba pollos y conejos. En este cuadro, está entrando a la cocina con un conejo que acaba de preparar para la cena. Mi abuelita está preparando tortillas. Ése es mi hermano Arturo, sentado en la banca. Le gustaba mirar a mi abuela mientras cocinaba. Y ésa es mi hermana menor, Margie, jugando a los "jacks" en el suelo. Yo estoy mirando desde la recámara de mis abuelos, que está al lado de la cocina.

Joseph and Mary Seeking Shelter at the Inn

On each of the nine nights before Christmas we act out the story of Mary and Joseph seeking shelter at the inn. We call this custom "Las Posadas." A little girl and a little boy play Mary and Joseph and they are led by an angel.

Each night the travelers go to a different house. They knock on the door. When the door opens, they sing: "We are Mary and Joseph looking for shelter." At first the family inside refuses to let them in; then the travelers sing again. At last Joseph and Mary are let into the house. Then everybody comes in and we have a party.

Las Posadas

Cada una de las nueve noches antes de Nochebuena, representamos la historia de María y José buscando albergue en la posada. Esta costumbre se llama "Las Posadas". Una niñita y un niñito representan a María y José, y hay un ángel que les guía.

Cada noche, los caminantes van a una casa distinta. Tocan la puerta. Cuando la puerta se abre, cantan: —Somos María y José, buscando posada. Al principio la familia no los deja entrar; entonces los caminantes vuelven a cantar. Por fin dejan entrar a María y José. Luego todos entran y celebran con una fiesta.

Making Tamales

This is a scene from my parents' kitchen. Everybody is making tamales. My grandfather is wearing blue overalls and a blue shirt. I'm right next to him with my sister Margie. We're helping to soak the dried leaves from the corn. My mother is spreading the cornmeal dough on the leaves and my aunt and uncle are spreading meat on the dough. My grandmother is lining up the rolled and folded tamales ready for cooking. In some families just the women make tamales, but in our family everybody helps.

La Tamalada

Ésta es una escena de la cocina de mis padres. Todos están haciendo tamales. Mi abuelo tiene puesto rancheros azules y camisa azul. Yo estoy al lado de él, con mi hermana Margie. Estamos ayudando a remojar las hojas secas del maíz. Mi Mamá está esparciendo la masa de maíz sobre las hojas, y mis tíos están esparciendo la carne sobre la masa. Mi abuelita está ordenando los tamales que ya están enrollados, cubiertos y listos para cocer. En algunas familias sólo las mujeres preparan tamales, pero en mi famila todos ayudan.

Watermelon

It's a hot summer evening. The whole family's on the front porch. My grandfather had brought us some watermelons that afternoon. We put them in the refrigerator and let them chill down. After supper we went out to the front porch. My father cut the watermelon and gave each one of us a slice.

It was fun to sit out there. The light was so bright on the porch that you couldn't see beyond the edge of the lit area. It was like being in our own little world.

Sandía

Es una noche calurosa de verano. Toda la familia está en el corredor. Mi abuelo nos había traído unas sandías esa tarde. Las pusimos en el refrigerador para enfriarlas. Despues de la cena, salimos al corredor. Mi padre cortó la sandía y nos dio un pedazo a cada uno.

Era divertido estar sentados allá afuera. La luz del corredor era tan fuerte que no se podía ver más allá del área que estaba iluminada. Era como estar en nuestro propio pequeño mundo.

The Virgin of San Juan

A mother and son have gone to church and she's doing some praying. In the meantime, her son starts entertaining himself by taking things out of her purse. She lets him for awhile. Then he hands her a handkerchief. I don't know if he thought that maybe she was crying and needed her handkerchief, or whether he was just playing with it and she took it away from him.

La Virgen de San Juan

Una madre y su hijo han ido a la iglesia y ella está rezando. Mientras tanto, el hijo se entretiene sacando cosas de su cartera. Ella se lo permite por un rato. Luego él le entrega un pañuelo. No sé si es que el niño pensó que su madre estaba llorando y necesitaba su pañuelo, o si el niño estaba jugando con el pañuelo y su madre se lo quitó.

Healer

This is a scene at a neighbor's house. The lady in bed was very sick with the flu. She had already been to a regular doctor and had gotten prescription drugs for her chest cold. But she had also asked a healer, a curandera, to do a final cleansing or healing for this flu. So the curandera came over and did a cleansing using branches from the rue tree. She also burned copal incense in a coffee can at the foot of the bed. Curanderas know a lot about healing. They are very highly respected.

Curandera

Ésta es una escena en la casa de una vecina. La mujer que está en cama estaba muy enferma con influenza. Ya había visto a un doctor y había conseguido una receta médica para sus pulmones. Pero también le había pedido a una curandera que le hiciera una limpieza final o cura para su enfermedad. Así que la curandera vino e hizo una limpieza usando ramas de ruda. También quemó incienso de copal en una lata de café al pie de la cama. Las curanderas saben mucho y ayudan mucho a la gente. Por eso se las respeta tanto.

CARMEN LOMAS GARZA
"CURANDERA" ©19.

Beds for Dreaming

My sister and I used to go up on the roof on summer nights and just stay there and talk about the stars and the constellations. We also talked about the future. I knew since I was 13 years old that I wanted to be an artist. And all those things that I dreamed of doing as an artist, I'm finally doing now. My mother was the one who inspired me to be an artist. She made up our beds to sleep in and have regular dreams, but she also laid out the bed for our dreams of the future.

Camas para soñar

Mi hermana y yo solíamos subirnos al techo en las noches de verano y nos quedábamos allí platicando sobre las estrellas y las constelaciones. También platicábamos del futuro. Yo sabía desde que tenía trece años que quería ser artista. Y todas las cosas que soñaba hacer como artista, por fin las estoy haciendo ahora. Mi madre fue la que me inspiró a ser artista. Ella nos tendía las camas para que durmiéramos y tuviéramos sueños normales, pero también preparó la cuna para nuestros sueños del futuro.

Carmen Lomas Garza used a variety of materials in her paintings for Family Pictures: oil on canvas, acrylic on canvas, and gouache on arches paper. The paper cut-out ("papel picado") images on the text pages were cut from black paper with exacto knives. "Papel picado" is a traditional Mexican folk-art technique which Carmen often uses to portray intricate images. The text is the result of a close collaboration between Carmen and editor Harriet Rohmer, who interviewed Carmen about each picture and prepared the final manuscript with the help of David Schecter.

Children's Book Press is grateful to the Pacific Telesis Foundation whose generous donation has supported the publication of Family Pictures/Cuadros de familia.

Design: Armagh Cassil and Mira Reisberg, Somar Graphics
Photography: Wolfgang Dietze   Production Assistant: Monica Sanjur
Typesetting: Berna Alvarado-Rodriguez
Printed in Hong Kong through Interprint
Children's Book Press is a nonprofit community publisher.

Lomas Garza, Carmen.

Family pictures = Cuadros de familia / paintings by = cuadros de Carmen Lomas Garza : stories by = relatos de Carmen Lomas Garza : as told to = escritos por Harriet Rohmer : version in Spanish = versión en español, Rosalma Zubizarreta.

Summary: The author describes, in bilingual text and illustrations, her experiences growing up in a Hispanic community in Texas.

1. Hispanic Americans – Families – Juvenile literature. 2. Hispanic Americans – Social life and customs – Juvenile literature. 3. Hispanic Americans – Texas – Kingsville – Families – Juvenile literature. 4. Hispanic Americans – Texas – Kingsville – Social life and customs – Juvenile literature. 5. Kingsville (Tex.) – social life and customs – Juvenile literature. [1. Hispanic Americans – Social life and customs. 2. Spanish language materials – Bilingual.] I. Rohmer, Harriet. II. Zubizarreta, Rosalma. III. Title. IV. Title: Cuadros de familia.
E184.S75L66 1990
306.85 08968 – dc20

89-27845
CIP
AC